オンライン，ソーシャル，
ディスタンスで

学級
あそび
＆
授業
アイス
ブレイク

鈴木邦明/赤堀達也

【編著】

明治図書

はじめに

　2020年は「新型コロナウイルス（COVID-19）」によって，日本はもちろん，世界中の国々が混乱しています。後世から見たら，人々の暮らし方，そして学び方が大きく変わった年として，記録されているのかもしれません。

　日本においては，緊急事態宣言が発令され，日常の様々な活動が一時的にストップしました。会社での仕事は在宅でのテレワークになり，レストランでの食事はテイクアウトに，飲み会はオンライン飲み会にと，生活の様々なものが大きく変わりました。

　そういった中，学校も大きな変化を余儀なくされました。2月末の「一斉休校の要請」から始まった混乱は，半年以上経った現在でもまだその影響が続いています。今回のコロナでは，結果として，日本の学校教育の弱い部分が露呈した形となりました。子どもの居場所としての学校，学びを保障する場としての学校，食事を含めた健全に育つ場としての学校など，改めて「学校の役割」が問われることとなりました。

　一斉休校およびその後の日々において，多くの学校が苦労している中，それまで通りの学びを続けている学校もありました。ネットをベースとして学習を進めていた通信制高校などの学校です。またPCなどの「一人一台」を積極的に推進していた自治体（熊本市など）の学校も同様です。

　そういった学校では，コロナ前と同様，場合によってはそれ以上の学びの質を確保し，学習を進めていました。多くの学校が，学びの不安定さに悩み，苦しんでいる中，そういった学校では，子どもの学びに寄り添い，学びを紡ぐことができていました。それまで不登校気味だった子どもがオンラインの授業には参加ができたなどの事例もありました。コロナによって，新たな可能性が見出され，学びの新しいスタイルがつくられつつあります。

　今回の学校におけるPCなどを用いた学習の推進は，明治以来の大きな変化です。日本の近代の学校教育は，明治初期にその制度が整いました。教室

の大きさ，教室のあり方，教具などです。黒板の前に教師が立ち，教科書とノートを使って学習を進めていくというスタイルもその時にできたものです。

　少しずつ進んでいた学校（学習）における PC などの活用が，今回のコロナによって一気に進みました。まだまだ過渡期です。今後，さらに発展していくものと感じています。

　本書『オンライン，ソーシャルディスタンスでできる　学級あそび＆授業アイスブレイク』は，学校現場の先生方，教師を目指す学生，学童などにかかわる方々のヒントとなることを期待しています。コロナによって「3密（密閉，密集，密接）」を避けることが求められました。3密を避けることは，それまで取り組んでいたものを全部否定されるものではありません。一部を変えることで実施可能になります。例えば，鬼ごっこであれば「手つなぎ鬼」は少しやりにくいですが，「影踏み鬼」「しっぽ取り」などは感染のリスクを回避しながら，鬼ごっこのねらいを達成することができます。

　日々，多様な子どもたちと接している現場の先生方は，非常に柔軟性をもっています。本書にある実践からヒントを得て，それぞれの学校，地域，学級に合った形にアレンジしていって欲しいと思います。そうすることで，さらに学びが広がり，深まることにつながります。そして，子どもの笑顔が増えることを心から願っています。

　本書をまとめるにあたっては多くの方々に支えられました。学校現場の先生方，運動指導の現場でレクリエーションに取り組んでいる先生方，教員養成・保育者養成に携わっている大学の先生方，改めて感謝申し上げます。最後に，本書の企画から執筆に至るまでたくさんの助言などをいただいた明治図書の矢口郁雄さん，新井皓士さんに深く感謝いたします。

　2020年12月

鈴木　邦明

CONTENTS

第2章
オンライン，ソーシャルディスタンスでできる
授業アイスブレイク

序章

これからの学びの形と
レクリエーション

1 これからの時代の学びの形とは？

　新型コロナウイルスの流行によって，学びの形が変わりつつあります。また，今後さらに変わっていくことが予想されます。現在，進められている「PC 一人一台」の政策は，そういったものに大きく影響を与えるものとなるでしょう。

　本書のテーマである「レクリエーション」においても，これまでとは少し取り組み方を変える必要がある部分があります。新型コロナウイルスが流行している状況においては，感染予防として「3密にならない」ということに取り組むことが必須となります。3密（密閉，密集，密接）を避けながら，レクリエーションに取り組む必要があります。厚生労働省によると，「密閉空間」とは「換気の悪い密閉空間である」こと，「密集場所」とは「多くの人が密集している」こと，「密接場面」とは「互いに手を伸ばしたら届く距離での会話や発声が行われる」こととされています。

　「密閉」の対策としては，換気がポイントとなります。可能であれば，屋外での活動が望ましいです。屋内の場合は，窓やドアなどを開けておく，換気扇を回すなど対策が必要でしょう。冬の寒い時期や夏で冷房を使っている時期などは，換気が悪くなりがちです。例年以上に，服装で調整することなどが求められます。冬であっても換気のために空気が入れ替わり，教室の温度が下がってしまいます。上着を着ることや下着の枚数を増やすなどの対応が望ましいでしょう。

　「密集」の対策としては，できるだけ広いスペースを確保することが望ましいです。小学校の1クラスの人数を変えることは現実的には難しい面があります。遊ぶ際に広いスペースを確保し，そこで遊ぶことで結果として密集

を避けることにつながります。

　「密接」の対策としては，人と人との間隔を一定以上あけることとなります。大人に対しては「密にならないように並んでください」と指示を出せば大丈夫であることが多いです。ただし子どもに対してはある程度わかりやすい基準が示された方がよいでしょう。運動指導の場面などでは「それぞれが手を広げて，ぶつからない間隔で並びましょう」などの指示が考えられます。子どもの年齢にもよりますが，手を広げることで，１ｍ程度は間をあけることができます。第２章「授業アイスブレイク」の中の「体でアルファベットを表現しよう！」は「Ｔ」などの字を体で表現することによって「密接を避けること」「体を動かすこと」「アルファベットを確認すること」を同時に行うことができるものです。

　本書に掲載されている50の実践の中で約１／３がオンラインで取り組むものとなっています。オンラインでの取り組みは，緊急事態宣言などにより学校が一斉休校になった際，しっかりと取り組まれていた学校もありました。しかし，２月末からの一斉休校が急であったこともあり，そういった準備ができないままの学校も多かったようです。

　現在，特別措置で，学校における PC 一人一台の政策が急ピッチで進められています。新型コロナウイルスの再度の流行などによる休校を想定してのものです。そして，学校では，様々な形で PC などを使った学びが進められています。色々な実践が積み重なる中で，よりよい学びの形がつくられつつあります。

　大学では，多くの大学で2020年度の前期はオンラインを中心とした授業となりました。「新入生が大学を訪れることができずかわいそうだ」「大学生は実際に色々な人と触れ合う中での学びが重要だ」などの意見もありました。

ただ，多くの大学においては，この半年でオンライン授業の質が大きく向上しています。新型コロナウイルスによって，ある意味，強制的に，学生も，教員も，オンラインでの学びのよさに触れることとなりました。実技系・実習系のものは，オンライン授業との相性がよくないという面もあります。それ以外のものでは，オンライン授業との相性がよいタイプの授業もたくさんあります。新型コロナウイルスが落ち着いたとしても，今後の大学での授業は，オンライン授業と対面授業をうまく組み合わせた形になっていくことが予想されます。

　今後の小中学校，高校においては，これまで通り，通常時は通学する形の授業（対面授業）がベースとなる学校が多いと思われます。ただ緊急時には，すぐにオンラインで代替ができるような状況をつくり上げておくことが求められるでしょう。緊急時とは，今回の「新型コロナウイルス」もありますが，「インフルエンザ」，「台風，大雪，酷暑」，「地震」などが考えられます。日本の置かれている地形的な状況（地震が多いこと）や地球温暖化による影響なども大きく関係しています。そういったことを踏まえた備えとしてのオンラインの役割があります。備えがあれば，「休校」ではなく「オンライン授業」で対応できます。授業時数の確保という面でもプラスです。

　それとともに，日常の授業の中で文房具としてPCなどを扱っていくということができるようになります。これまでの授業の中で，定規や分度器を使っていたように，子どもたちが普通にPCを使いながら学びを進めていくものです。教室に教師用のPCが一台だけある状況と子どもが一人一台持っている状況は全く違う状況です。取り組むことのできる幅が非常に広がります。すでに先進的な自治体や学校ではこういった実践が積み上がりつつあります。日本中の学校が取り組むことで，加速度的に質が向上していくことでしょう。今後に期待をしたいです。

2 「学級あそび」について

第1章「学級あそび」は，内容ごとでまとめています。「オンライン」「手あそび・足あそび」「鬼ごっこ」「模倣」「リレー」「自己紹介」「その他」となっています。

一般的に「レクリエーション」と呼ばれているものが多いです。これまでも取り組まれてきているレクリエーションに「3密にならない」という要素を加えているものが多くなっています。対象はメインが小学生となっていますが，やり方によっては幼児から中学生くらいまで取り組むことができるものとなっています。実際，本書に掲載されているもののうちのいくつかは私が勤務している大学で教員や保育士を目指す学生と一緒に取り組んでみたものです。やり方次第では，十分大人でも楽しむことができるものとなっています。

レクリエーション（学級あそび）を実施する際には，いくつかの留意点があります。こういった時期なので，やはり「密を避けることを伝える」ことが大事になります。教師側が場面設定として，3密を避けるような状況をつくったとしても，子どもがそういった意識を全くもたずに遊んでしまった場合，難しい状況になることも有り得ます。取り組む前や，夢中で取り組む中で密になりつつある時などに教師が一声「密に気をつけて」と声を掛けることが大切でしょう。

また，通常の時期以上に「子どもの様子をよく見る」ということも大事になります。新型コロナウイルスは，感染しても症状が出てこない場合もあります。子どもの体調に気を配り，無理をさせないことも大切です。

3 「授業アイスブレイク」について

　第2章「授業アイスブレイク」では，小学校で取り組む各教科について実践例をまとめています。国語，算数，理科，社会，外国語活動・外国語に関しては，それぞれ4つの実践を，音楽，家庭科，図工，体育に関しては，それぞれ1つの実践を取り上げています。

　感染を防ぐ（3密になりにくい）ことを念頭に置きながら，各教科のねらいの達成を目指しています。日々の授業においては「各教科のねらいは達成できているが，感染のリスクがある」ことや「感染予防が十分であっても各教科のねらいの達成が十分でない」ということでは不十分なのだと思います。「各教科のねらい」と「感染のリスクを下げる」ということの両立が求められます。そのバランスをどのように取っていくのかが大切になります。

　掲載している実践は，「アイスブレイク」として授業の最初に取り組むことが適しているものが多くなっています。取り組み方によっては，その内容だけで1時間の授業とすることができるものもあります。学級の状況などによって，工夫してご活用いただければと思います。

　現行の学習指導要領においては「主体的・協働的な学び」が重要なものとして位置づけられています。取り組み方の1つに「グループ学習」があります。話し合い活動などです。現在，そのような活動が行いにくい状況となっていますが，オンラインによってその役割を果たすことができるでしょう。一斉休校時のように学校に登校することができない状況においては，Zoomなどのビデオ通話アプリを使って，話し合いを行うことができます。また，掲示板のようなものを利用して，意見の交流を行うことも可能です。

第1章

オンライン，ソーシャルディスタンスでできる

学級あそび

オンラインで
ビンゴを楽しもう！

対象学年：全学年

ねらい

一緒の場所にいなくとも仲間とともに「オンライン・ビンゴ」に取り組むことで，仲間との一体感を味わう。

①ルールを説明します

T　ビンゴの枠に地図記号（その時のテーマ）を１個ずつ書き入れます。リーチになったら，声を出すか，チャットなどで知らせてください。ビンゴになった時も同じようにしてください。

②みんなでオンライン・ビンゴに取り組みます

T　スタートは○○さん，お願いします。

C　それでは，最初は「工場」！

T　次は○○さん，お願いします。

C　２番目は何にしようかな？　じゃあ，レアなもので「桑畑」！

③ビンゴになった人を称賛します

C　　先生！　ビンゴ！　やったー！

T　　○○さん，すごいですね。「ビンゴスピード部門」の優勝は○○さんです。みんな拍手でお祝いしましょう。

④ビンゴのまとめをします

T　　最後は「ビンゴ本数部門」の確認をしたいと思います。

T　　ビンゴの本数が，１本の人？　２本の人？…

T　　「本数部門」の優勝は○○さんです。拍手でお祝いしましょう。

ポイント

　ビンゴのテーマを変えることで様々な学年で取り組めます。単に数字などではなく，学習に関するもの（漢字，地図記号など）にすることで学びも深められます。「スピード部門」と「本数部門」を設けることで長く楽しめます。Zoom などを使ってリアルタイム（同期）で行うのが一般的ですが，ネットの掲示板のようなものを使えば非同期でも可能です。

目で見て，落とさず，1，2，3…！

対象学年：低・中学年

ねらい

風船が落ちてくる様子を目で確認し，手や足等で操作するという2つのことを同時にすることで，脳を活性化させ様々な感覚を養う。

①やり方を説明します

T　みなさん，今日は風船を使って色々なあそびをしましょう。
　　まず，周りに何もなくて，問題なく動けるかを確認してください。
　　準備ができたら「いいね」をしてください。それでは説明します。
　　先生は風船を地面に落とさないように手ではじいていますが（やっているのを見せながら）他の遊び方はありませんか？　考えてください。

②試しながら一人ひとり考えます

C　足で風船を何回蹴れるかやったらいいと思います。

C　両足を使ってもいいですか？

T　いいですよ。では，足でやってみましょう。せーの！　はい！

③地面に落とさないように風船を蹴ります

T　Aくん，両足をうまく使っていますね。がんばれ！

T　Bくんは，やさしく風船を蹴っていますね。うまいね！

T　みなさん，風船をよく見て上手に落とさないようにできていますね。他の遊び方はないかな？

C　ヘディングしたら，面白そうなのでやってみたいです！

ポイント

　コロナ禍では，部屋で過ごす時間が多くなり運動不足になりがちです。そんな時は簡単な運動で気分転換しながらからだを動かしましょう。この活動のメリットは，ひと目でクラス全員の様子を教師も子どもも把握できることです。また，様々なやり方を創造させ，みんなの動きも見ながら楽しく遊ぶことで色々な感覚を身につけさせることも大切です。

Google Classroom で
朝の会をしよう！

対象学年：中・高学年

ねらい

Google Classroom アプリを用いて朝の会におけるオンラインアイスブレイクを行い，友達の人物像をイメージし合わせる。

①行い方を ICT 端末上の Google Classroom に配信します

T　今日は，Google Classroom を用いて，オンラインの朝の会を行います。アプリにアクセスして，「将来の夢」についてのコメントを入力してください。次に，その「夢」を実現するための具体的な方法を1つあげましょう。夢を叶えるイメージをもって書きましょう。
　　最後に，出席番号の前後のお友達とエールを送り合ってください。「新しい仲間づくり」をイメージしながら取り組みましょう。

②将来の夢と，その夢を実現するための方法をコメントします

T　おはようございます！　今日は，この Google Classroom のアプリを使って「夢」を語り合うアイスブレイクをします。書き方の「型」は，『僕の夢は…になることです。実現の方法は〜です。1年間よろしくお願いします』です。では，開始！

C　僕の夢は，スポーツインストラクターになることです。実現方法は，クラブをがんばって全国大会を目指すことです。よろしく！

C　私の夢は，お花屋さんになることです。実現方法として，まず花図鑑で花博士になります。花言葉も覚えたいです。よろしくね！

③コメントでエール交換を行います

T　では，エール交換を出席番号の前後で行ってください。

C　お花屋さん！　絶対に買いに行きます！　ちなみにバラの花言葉は？

C　スポーツインストラクター！　体操のお兄さんみたいだね。今度，サッカー教えてね！

ポイント

　オンラインですから，コメントを通じて顔の見えない新しいお友達の「人物像」をイメージし合わせることが大切です。上の例のように，花言葉を質問したりすることができれば，たとえその時点で知識がなくても，子どもは調べて応えようとします。子どもたちの主体性や思いやりも同時に育みたいものです。

Zoom で，昼食会をしよう！

対象学年：中・高学年

ねらい

Zoom を用いた昼食会で，ソーシャルディスタンスを保ちつつ，友達との会話も楽しみながらお互いを知ろうとする気持ちを養う。

① Zoom 昼食会の方法を説明します

T　今日のお昼は各グループに分かれて Zoom 昼食会を行います。

今から学校の iPad を配ります。精密機械なので，大切に扱ってくださいね。

予め，みなさんの iPad 端末の Google Classroom には，Zoom アプリへのリンクを配付しています。

グループ毎にリンクを配付しています。ですから，みなさんの画面には，昼食の際にグループになっている仲間が参加してくるはずです。

では，リンク先にアクセスしてください。そして，みなさん Zoom 昼食会に参加しましょう。

② Zoom で昼食会をしながら友達との会話を楽しみます

T　では，みなさん，Zoom で昼食会を楽しみましょう。

C　○○ちゃん，昨日は何をして遊んでいたの？

C　お家でコラージュしていたよ。こんな作品を仕上げたんだ。

T　□□ちゃんは，何をしていたの？
　　（※対話が苦手な生徒へは，教員がフォローして回る）

C　お裁縫をしていました。

C　今度，見せて欲しいな。ぜひ教えてもらいたい！

ポイント

　ソーシャルディスタンスを保ちながらの昼食会。恐らく，寡黙な雰囲気になってしまうことでしょう。そんな時は，Zoom 昼食会がおすすめです。リンクは，iPad 端末上のアプリ等で簡単に配信できます。アプリがなければ，予めテキストにリンクを貼りつけておけば大丈夫です。お題を事前に決めておくと，友達との距離を保ちつつ，会話も弾みます。

2の指と，3の指を
交互に出してみよう！

対象学年：低・中学年

ねらい

出しにくい指の形を交互に出すことで，協応性や巧緻性を高めたり，粘り強く物事に取り組む姿勢を育てたりする。

①ルールを説明します

T　今日は，少し難しい指の動きに挑戦してみましょう。
　　片手を2本指，もう一方の手を3本指にしてからだの前に出します。
　　それでは，「せーの」で，左右の2と3を取り替えます。

C　先生，難しいです。

T　難しかったら，グーとパーを取り替えることから始めてみましょう。

C　先生，できました。

T　うまくできましたね。それでは，次は，少し難しいですがチャレンジしてみましょう。

②動きの難易度を少しずつ上げていきます

T　慣れてきたら，「2と3，3と2」のリズムに合わせて，左右の手の指を入れ替えて出します。

C　あれ，うまくできない。

T　それでは，始めは，ゆっくりいきますよ。「2と3，3と2」

C　だんだんできてきました。

③まとめを行います

T　よいですね。そうです，失敗しても，少しずつできるようになることが，大事なんですよ。

ポイント

　子どもと子どもの間隔，距離をとり，全員が先生の方向を向いて行うことで，飛沫が飛び交うことを防ぎます。2の指と，3の指は，比較的出しにくい指です。スムーズに指を変えていけるようにリズミカルに繰り返していきます。失敗しても，粘り強く繰り返していきます。

足指でつかめる？
くつ下チャレンジ！

対象学年：全学年

ねらい

　足指を使ってくつ下をつかみ，楽しく子どもロコモの予防をしながら，片足でバランスをとる感覚を育てる。

①ルールを説明します

T　　今日は，くつ下を3足（6つ）使ってゲームをします。
　　　自分が立っている足元にくつ下を6つ置いてください。
　　　「スタート！」の合図で，足の指を使ってくつ下を拾います。
　　　くつ下は1つずつ拾っても，2つまとめて拾ってもよいです。
　　　6つ全てのくつ下を拾い両手で持ちます。
　　　みんな一緒にスタートして一番早く成功した人が優勝です。

②みんなで「くつ下チャレンジ」の準備をします

T　　両手を広げて他の人と手が当たらない位置に立ちましょう。
　　　自分の足元にくつ下を6つ置いてチャレンジの準備をします。

③「くつ下チャレンジ」をスタートします

T　みんな準備はできたかな？　よーい，スタート！
　　２つまとめて拾ってもいいですよ。６つ拾って両手で持ったらチャレンジ成功です！　一番速い人は誰かな？

④反対側の足でもチャレンジします

T　足指をしっかり広げてつかみましょう！
　　足指が動かせず，つかめない場合は，手
　　を使ってくつ下を足指の間に挟んでもよ
　　いです。繰り返し行うことで，足指を動
　　かせるようになっていきますよ。

ポイント

　からだのバランスをとる運動として狭小スペースでできます。先生の
チャレンジ動画を録画することで，オンライン配信でもバトル形式で楽
しく取り組めます。足指を使うことでばね指の予防，片足バランスで足
を操作することで体幹の強化，くつ下を拾い上げることで腸腰筋の強化
につながります。また，ソーシャルディスタンスも確実に確保できます。

後出しジャンケンキングを
楽しもう！

対象学年：全学年

ねらい

ジャンケンキングを後出しで行い，勝たせたり負けさせたりすることで，頭を活性化させたり，話をよく聞く態度を養ったりする。

①ルールを説明します

T　今から後出しジャンケンキングをします。先生がキングになって「ジャンケンポン・ポン」と言い1回目の「ポン」で何か手を出すので，みなさんは2回目の「ポン」で先生に勝つようにしてください。

②練習を兼ねてゆっくり行います

T　ではゆっくりやってみましょう。ジャンケンポン・ポン。先生はグーを出しているのでパーを出している人が正解です。どうですか？　や

り方はわかりましたか？　それではここからが本番です。だんだん速くしていくのでがんばりましょう。

③だんだん速くしながら行います

T　どうですか？　みなさん間違えずにできましたか？　みなさんなかなかいい感じでできましたね。今度はみなさんに後出しで負けてもらいます。それではいきますよ。

④後出しで子どもが負けるジャンケンキングを行います

T　みなさんどうですか？

C　間違えちゃった。難しかったけど面白かった！

T　みなさん集中力も高まってきたようで，よかったです。
今日もがんばりましょう！

ポイント

重い雰囲気の朝や，眠そうだったり落ち着きがなかったりする授業中にさっとできる活動です。最初に後出しで勝たせ，勝つ思考回路をつくった後に負けるようにするとハードルが上がり，より面白くなります。

歌に合わせて
左右の手を動かそう！

対象学年：低・中学年

ねらい

仲間との距離，間隔をとりつつ手あそびに取り組み，楽しみながら，協応性や巧緻性を高める。

①ルールを説明します

T　今日は，歌に合わせて，手あそびをしてみましょう。
　　一緒に，「もしもしかめよ，かめさんよ」と歌いながら，左右の手をグー・パー交互に動かします。

T　「せかいのうちに，おまえほど」と歌いながら，片手がグー，反対の手がパーになるように交互に入れ替えます。

T　「あゆみの，のろい，ものはない」と歌いながら，片手を前に突き出しパーに，もう一方は胸の前でグーになるように，交互に入れ替えます。「どうして，そんなに，のろいのか」と歌いながら，片手を前に突き出しグーに，もう一方は胸の前でパーになるように，交互に入れ替えます。

②「もしもしかめよ」に取り組みます

C　先生，最後の方が難しいです。

T　そうですね，難しいですね。でも，失敗しても大丈夫ですから，はじめはゆっくりチャレンジしてみてください。最後まで歌いながらできたら OK です。

ポイント

　子どもと子どもの間隔，距離をとり，全員が先生の方向を向いて行うことで，飛沫が飛び合うことを防ぎます。手あそびは，最初はゆっくり行い，徐々にスピードアップしていきます。1曲歌いきれるようにチャレンジします。失敗しても繰り返していきます。

みんなでボール当て鬼を楽しもう！

対象学年：全学年

ねらい

密にならないように逃げたり追いかけたりしてボール当て鬼を楽しみ，友達とからだを動かすことの楽しさや心地よさを味わう。

①ルールを説明します

T 鬼を１人決めて，鬼以外の人は子になります。鬼が10かぞえる間に子は逃げます。鬼はボールを持って子を追いかけます。子は鬼にボールを当てられると鬼になって交代します。もし鬼の投げたボールをキャッチできたら遠くに投げて，その間に逃げます。時間は５分間です。

②ボール当て鬼を開始します

T　鬼はしっかり追いかけて，子はうまく逃げてくださいね。
　　よーい，スタート！

C　みんな，分かれて逃げようね。

C　がんばって，当てにいくよ！

③何回か終わったら集合し，ルールを検討します

T　やってみて，どうでしたか？　ルールを変えるといいなと思ったところがあれば教えてください。

C　ボールを２個にしたら，鬼も２人に増えて逃げるのも楽しくなりそうなのでそうしたらいいと思います。

T　それでいいなら，ルールを変更して始めましょう。

ポイント

　タッチの代わりにボールを当てることで，距離が離れていても捕まえることができます。走ることと投げることの両方があり，運動量も豊富です。ボールの大きさや種類を変えたり，ルールを工夫したり（ワンバウンドは無効等）することで，楽しみ方のバリエーションが広がります。

ネコとネズミになって逃げろ！

対象学年：低・中学年

ねらい

グループに分かれて「ネコとネズミ」に取り組むことで，自分の役割を理解，判断して動く力を養う。

①ルールを説明します

T　ネコグループとネズミグループに分かれて，横に手を広げて間隔をとって，ラインの上に立ってください。
　　今日は，人数が多いので，３つのグループになり，待機グループは，横のラインで待ってください。

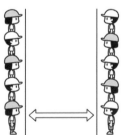

T　今から，先生が，「ネーネーネー」と言い，その後に，「ネコ」か「ネズミ」のどちらかを言いますよ。
　　みなさんは，よく聞いてください。

ネコと言われた時には，ネコグループは，振り返り後方に書いてある
ラインをめがけて走ります。
ネズミグループは，後方に逃げたネコを追いかけます。

T　　逃げる子は，「1，2，3，4，5」をかぞえながら走り，5になっ
たらバンザイをします。追う子は，バンザイしている子が見えたら止
まります。

②みんなで，ネコとネズミになって遊びます

T　　それでは，いきますよ。「ネーネーネー」「ネコ」。
次は，待機グループの子が，空いているネコのラインの上に乗ります。
逃げたネコグループは，ネズミのラインに，ネズミグループは，待機
のラインに行きます。
3つのグループで，ネコとネズミ，待機を繰り返しながら行います。

ポイント

ソーシャルディスタンスの確保と，飛沫が飛び合わないような配置に
配慮します。今回のあそびは，「逃げる・追う」の役割を理解し，判断
して動くことがポイントなので，あえて捕まえることは要求しません。
対面になる子どもとは5mの距離が空くように，それぞれのグループ
にラインを引き，その上に乗って待機します。

いうこといっしょ，
やることいっしょ！

対象学年：全学年

ねらい

ソーシャルディスタンスで友達との間隔をあけつつ，動きを楽しみながら巧緻性や跳躍力を養う。

①やり方を説明します

T　言う人を1人決め，その人が，「いうこといっしょ，やることいっしょ，右」と言ったら，みんなは，「右」と言いながら右にジャンプします。「右」以外に，「左」「前」「後ろ」などとジャンプする方向を言います。言う人の指示に合わせて，ジャンプしてみてください。

②「いうこといっしょ，やることいっしょ」を始めます

C　「いうこといっしょ，やることいっしょ」，右！　左！　後ろ！　前！

C　　こんなの簡単だね！　もっと速く言ってもいいよ！

③言う人の指示を変えます

T　　今度は，「いうこといっしょ，やること反対」というように変えてみ
　　　ましょう。例えば「いうこといっしょ，やること反対，右」と言われ
　　　たら，右と言いながら，左にとびます。さあ，やってみましょう。

C　　「いうこといっしょ，やること反対，左」

C　　左って，言いながら右にとぶんだね。面白いね。

T　　他にも「いうこと反対，やることいっしょ」とかもあるけど，最初は
　　　ゆっくり言いながら，色々やってみると楽しいね。慣れてきたら，言
　　　うのを速くするのもいいね。

ポイント

　巧緻性や跳躍力だけでなく，相手の指示を正しく聞いて動くという集
中力も養えます。動きも変わって間違いも多くなりますが，間違っても
笑って楽しむ体験を通し，「間違っても平気」というような温かい雰囲
気のクラスをつくることにもつながります。テンポよくやりましょう！

グー・チョキ・パーで，ダッシュしよう！

対象学年：低・中学年

ねらい

先生の出す合図を，見て，聞いて，動く，というあそびを通じて，見たものを即座に判断する判断力と集中力を養う。

①ルールを説明します

T　今日は，2つのチームに分かれて，交互にゲームに参加してもらいます。次に参加するチームは，見ながら待っていてください。

T　先生が，「グー」と言ったら，みなさんは，右手を上に突き上げて「オー！」と言いましょう。

C　「オー！」

T　次に，先生が，「チョキ」と言ったら，右手をチョキにして上に突き
　　上げながら「イェーイ！」と言います。

C　「イェーイ！」

T　先生が，「パー」と言ったら，手前のラインに向かって走りましょう。
　　先生も奥のラインまで走るので，負けないように走ってください。

②実際にゲームをします

C　先生速いな〜，次は負けないぞ。

T　次は，がんばってください。それでは，目的地まで走り切れたら，待
　　機しているチームと交代しましょう。

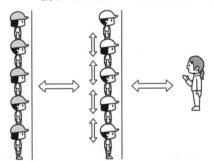

ポイント

　進行方向を，一方向にすることで，互いの飛沫が飛び合わないように
することが１つ目のポイントです。２つ目のポイントは，見て聞いて判
断して動く，までが流れですので，子どもたちのドキドキ，ワクワクが
増すように，先生がグー・チョキ・パーをランダムに出していくことで
す。

しゃべらずに
筒を持ち上げよう！

対象学年：全学年

ねらい

言葉を発しないで，からだの表情を読み取りコミュニケーションを楽しむことで，互いを思いやる気持ちや協力する楽しさを育てる。

①ルールを説明します

T　2人組になり向かい合って，間に新聞紙の筒を1本置きましょう。
これから，おしゃべりをしないで，2人で協力してもらいます。
まずは，手のひらを使って2人で筒を持ち上げます。筒を掴んだり，握ったりしてはダメですよ。持ち上げる時に「せーの」などの声も出しませんよ。

②筒を落とさないように動きます

T　筒を持ち上げられたら，高さを変えたり，またいでみたり，相手を押して移動したり，色々な動きをしてみましょう。
ただし，おしゃべりをしてはダメです！　次に何をするかは，相手の目や顔の表情で相談したり，動きをよく見たりして決めてください。

③難易度を上げて取り組みます

T　次は，筒を２本使ったり，４人組になったりしてみましょう。
　　少し難しくなりますね。筒を落としそうだったら握ってもいいですよ。
　　絡まったグループは，どうしたら解けるか工夫してみましょう。

ポイント

　導入は，先生が動きの手本を（言葉を使わず）見せるとよいでしょう。
言葉を使用しないことと，筒の長さがあることで密を避けた活動ができ
ます。応用すれば，手を取り合わなければならないフォークダンスもソ
ーシャルディスタンスを確保して実施することができます。
　（例）キンダー・ポルカ，コロブチカ，マイムマイム

からだ鍵盤で
曲を演奏してみよう！

対象学年：全学年

ねらい

ボディパーカッションを使いグループで曲を演奏することで，協調や同調する楽しさを知り，リズム感やコーディネーション能力も養う。

①ルールを説明します

T　これから，みんなでからだを使って曲を演奏します。
（お手本を見せながら）"ド"は頭，"レ"は両肩，"ミ"はおへそ，"ファ"は膝，"ソ"は右足の裏，"ラ"は左足の裏，"シ"はお尻，高い"ド"は胸の前で拍手をします。

ド　　レ　　ミ　　ファ　　ソ　　ラ　　シ　　ド

②練習をします

T　　"ド"からからだをタッチしてみます。"ド"，"レ"，"ミ"，"ファ"，
　　　"ソ"，フェイントで，"シ"！　戻って"ラ"，最後は高い"ド"。

③簡単な曲から演奏してみます

T　　それでは，「ちゅーりっぷ」をみんなで演奏してみましょう。リズム
　　　に乗って"ドレミ"で歌いながら演奏しますよ。せーの！

④他の曲を演奏したり，鍵盤の難易度を上げたりします

T　　グループになって好きな曲を演奏したり，触る場所を変えたりしよう。

ド　　レ　　ミ　　ファ　　ソ　　ラ　　シ　　ド

ポイント

　音楽の授業と連携し鍵盤ハーモニカやリコーダーで演奏する曲にチャ
レンジするものよいでしょう。グループごとに異なる曲を演奏して，他
のグループに曲名を当ててもらうことでジェスチャーゲームのようにも
楽しめます。Zoom などでは，機材や通信状況・方法等で，音楽（声）
より映像が遅れる場合があるので注意して行いましょう。

雑巾掛けでリレーをしよう！

ねらい

雑巾掛けで身体接触を減らしたリレーを行うことにより，たくさんからだを動かしながら，普段使うことの少ない腕の力をつける。

①ルールを説明します

△ ← 回って戻ってくる
　　三角コーン

◎ ← 雑巾を入れる所

← 子どもが待っている所

T　今日は雑巾掛けリレーをします。

チームに１枚ずつ雑巾を配ります。

今回のリレーはこの雑巾がバトンの代わりです。

走るのではなく，全員で雑巾掛けをつなげて，早くゴールできたチームが勝ちです。

並ぶ列にはフープを並べているので，フープの中に１人ずつ入って密にならないように順番を待ちましょう。

バトンパスは，最前列の１ｍ前に置いたフープの中に前の人が雑巾を

置いたら，次の人がその雑巾をとって進みます。

②みんなで雑巾掛けリレーをします

T　　しっかり前を見て！　遠回りにならないようにね！

C　　もっと一歩を大きくしたら速そうだぞ。やってみよう。

③順位の発表をします

C　　僕のチームは速かったからきっと1位だ！

T　　一番速かったのは〇〇チームです。

④速かった人に理由を聞いてみます

C　　〇〇くん，速かったけどどうやってたの？

C　　前を向いて，一歩ずつ後ろに強く蹴るんだよ！

T　　次やるときは〇〇くんのやり方を思い出してやってみましょう。

ポイント

　リレーは同時に活動する人数を減らすことができるうえに，子どもどうしが対面することもほぼありません。しかもフープを使うことでリレーをする際の密接や接触を避けることができます。その中で，雑巾掛けリレーをすることにより普段使うことの少ない腕の力を高めます。腕の力を使う他の運動にもつながりますのでオススメです。

上手にお散歩できるかな？

対象学年：全学年

ねらい

　2人組でコミュニケーションを取りながら協力し，リズム感覚やバランス能力などの基礎的な運動能力を養う。

①ルールを説明します

T　今から2人組になって「犬の散歩」をします。

　1人は犬役になってフープの中に入ります。もう1人が飼い主役でフープについた紐を引っ張ります。犬役の人は動くフープに引っかからないように上手に前へ進みます。

②２人組で犬の散歩を練習します

T　では，２人組で練習しましょう。犬役と飼い主役と交代して上手に散歩ができるようになったら，チームに分かれて競争をしますよ！

C　先生，フープに引っかかって上手に進めません。

T　お互いに相手の動きをしっかり見て，２人でリズムよくタイミングを合わせて進んでみよう。

③チームに分かれて競争をします

T　では，チームに分かれて競争しましょう。向こうの線まで行ったら，役を交代して戻ってきて次のペアとかわります。
　　よーい，スタート！

ポイント

　簡単そうに見えて，実際やってみると難しいので，すごく盛り上がります。あそび感覚で行いながら，リズム感覚やバランス能力などの基礎的な運動能力を身につけることができます。また，２人組になりますが，身体接触を減らして行えることがメリットの１つです。

ビンゴリレーで
からだと頭を動かそう！

対象学年：中・高学年

ねらい

チームでコミュニケーションを取り，頭を使いながら走る・跳ぶなどの運動を行い，基礎的な運動能力を身につける。

①ルールを説明します

T　今からチームに分かれて「ビンゴリレー」をします。

走った先にある9つの輪の中に各チーム3個のマーカーを1人ずつ順番に置いていき縦・横・斜めの3マスが早く揃った方の勝ちです。

相手チームが先に3マス揃わないように自分のマーカーを置くこともできます。ただし相手チームのマーカーを動かすことはできません。

頭を使うので大変ですよ！

②競争をします

T　では，競争しましょう。よーい，スタート！

C　先生，どこにマーカーを置いたらいいかわかりません。

T　全体のマーカーの置き方をしっかり見て，落ち着いて置いてみよう。
　　間違ってもチームの仲間が助けてくれるから大丈夫だよ。

③往復の間に障害物を置き，競争を複雑にします

T　次は，往復の途中にハードルを置くので，行きはハードルを跳んで，
　　帰りはハードルをくぐってリレーをしてください。
　　よーい，スタート！

ポイント

　頭を使うので最初は戸惑いますが，要領を得るとすごく盛り上がります。ビンゴが苦手な子もいるのでチームでのコミュニケーションが必要です。往復を走るだけでなくハードルなど，運動を複雑にすることで，リズムやバランスなどの基礎的な運動能力を身につけることもできます。

自己紹介動画をつくろう！

対象学年：高学年

ねらい

コミュニケーションが得意な子も苦手な子も，動画で自己紹介をすることで，みんなで楽しく自分自身のことを表現する力を養う。

①ルールを説明します

T　今週１週間かけて自己紹介の動画をつくっていきます。

今日はその動画でお話ししたいことを考えます。名前や好きなことの他に，これまで自分のしてきたことやがんばってきたこと，今挑戦していることやこれからがんばりたいことなどを発表していきましょう。だいたい２分以内の動画にしましょう。

動画はどのようにつくってもいいです。スマホのビデオ機能でつくってもいいですし，写真をつなぎ合わせてスライドショーにしてもいいです。また言葉で話してもいいですし，文字で説明しても構いませんし，動画に合わせて原稿を読むのでも構いません。

②紙を配付します

T　それでは名前を書いたら，次の３つある欄にどのようなことを紹介したいのか，考えていきましょう。３つ全部でなくてもいいですが，最

低でも1つは書きましょう。

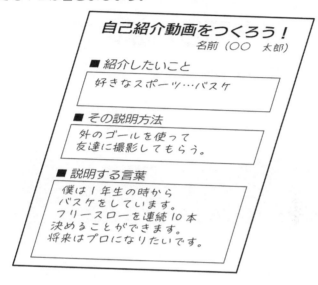

T　発表日までに USB で，もしくはメールに添付して提出します。

③発表日に発表者は登壇します

. . . .

C　○○くんすごい！　知らなかった。

T　○○くんすごいですね。今度授業で○○くんの特技を見せてもらいたいですね。他の人の動画も楽しみですね。

ポイント

　新学期の最初に行うことで，新しい友達をつくるきっかけを与えることができます。動画の間違いなどがないように事前に教員がチェックしましょう。また保護者との連絡をメールでも行う学校やクラスでは，確実なメールアドレスを知ることができるという利点もあります。

お話ししないで星座当てをしよう！

対象学年：中学年

ねらい

言葉を発さず，ボディランゲージだけで伝え合うことで，言葉以外の表現力を身につける。

---

①ルールを説明します

T　今から絶対にしゃべってはいけません。自分の生まれた日の星座を知っていますか？　今から誕生日の星座表を見せます。自分の誕生日を見つけて，何座かを調べてください。絶対にしゃべってはいけません。

牡牛座	おうしざ	4月20日 〜 5月20日	蠍座	さそりざ	10月24日 〜 11月2
双子座	ふたござ	5月21日 〜 6月21日	射手座	いてざ	11月23日 〜 12月2
蟹座	かにざ	6月22日 〜 7月22日	山羊座	やぎざ	12月22日 〜 1月
獅子座	ししざ	7月23日 〜 8月22日	水瓶座	みずがめざ	1月20日 〜 2月
乙女座	おとめざ	8月23日 〜 9月22日	魚座	うおざ	2月19日 〜 3月2

②10秒間で各自で調べます

③同じ星座どうしで集まります

T　それでは今から同じ星座の人どうしで集まります。その際に，相手を
　　呼び止める時も，相手の星座を聞くときも，同じ星座の人で集まって
　　からもお話ししてはいけませんし，１m以内に近づいてはいけません。
　　それでは始め。

④答え合わせをします

T　それでは答え合わせをしましょう。この塊は何座かな？

C　僕たちはかに座です。

C　私たちはおひつじ座です。いろんな星座があるんだね。

T　星座はたくさんありますね。
　　自分の星座はどんな形をして，いつ見られるのでしょうか？
　　またどのような理由でその星座ができたのでしょうか？
　　調べてみても面白そうですね。

ポイント

　友達関係が固定してしまったころに，学級を活性化するために行いま
す。テーマは好きな食べ物・好きな動物などでもよいでしょう。マスク
で口を隠して行うことで，難易度が上がります。急いで行う必要はない
ため距離感を保つことができ，３密にならずに行うことができます。

ジャングルを探検しよう！

対象学年：低・中学年

ねらい

　耳で聞いた言葉に合わせてからだを動かすことで，想像力を働かせながら，基礎的な運動能力を高める。

①ルールを説明します

T　　隣どうしがくっつかないように広がってください。これからみんなでジャングルに探検に行きたいと思います。それでは，その場所で歩いてください。歩いていると森の中に入ってきました。（その場で歩き続ける）歩いていると目の前の山から大きな石が転がってきました！このままだとぶつかってしまうけど，どうしようか？

C　　ジャンプしてよける！

T　　それでは「石」と言ったら，その場でジャンプしてよけましょう。（先生は言葉と同時に石が転がってくるジェスチャーをする）今度は目の前から大きな鳥が飛んできました！　どうしようか？

C　　しゃがんでよける！

T　それでは「鳥！」と言ったら，その場でしゃがんでよけましょう。
　　（言葉と同時に羽を広げた鳥のジェスチャーをする）
　　次は目の前からピストルの弾が飛んできました！　どうしようか？

C　横によける！

T　それでは「バッキュン！」と言ったら，横によけましょう。
　　（言葉と同時にピストルを撃っているジェスチャーをする）
　　あっ，目の前におばけが出てきました！　怖いけど，どうしようか？

C　やっつける！

T　それでは「おばけ〜」と言ったら，その場でやっつけてみましょう。
　　（「おばけ〜」と言いながらジェスチャーをする）

②４つの動きを覚えたら混ぜながら行います

ポイント

　「歩く」に慣れてきたら「走る」にすると運動量が増えます。より運動量を増やすには歩くや走るという言葉を言わず，「石・鳥・バッキュン・おばけ」と間髪入れずに言うとよいでしょう。途中から先生がジェスチャーをやめるとより耳で聞いたことをからだに伝える力がつきます。

ボール，見てるかな？

対象学年：低・中学年

ねらい

ボールをよく見ながらボールの動きに合わせてからだを動かすことで，様々なからだの使い方と，見たものを瞬時に判断する力を養う。

①ルールを説明します

T　隣どうしがくっつかないように壁際に並んでください。
　　まずは，このボールをよく見てください。
　　今立っている壁がスタートになります。
　　先生の手からボールが離れたら前に進んでください。
　　ボールが手にくっついたら止まってください。
　　ボールが手にくっついている時は動けません。
　　もし，動いてしまったらスタートに戻ってもらいます。
　　反対の壁に着いたら「ボール見てるかな名人ポイント」獲得です。

②ボール，見てるかな？　を行います

T　みなさんよくできました。次はもう少し難しくなります。

③発展1（ボールを持っている時はしゃがむ）を行います

T　次は手にボールがくっついている時はしゃがんでいてください。
　　立って止まっていた場合はスタートに戻ってもらいます。
　　ボールが手から離れたら走って前に進んでください。
　　手にボールがくっついたら再度しゃがんでください。
　　この繰り返しで，反対の壁まで行けたらポイントがたまります。
　　さあ，それではスタートしましょう。

④発展2（ボールを持っている時はお腹をつける）を行います

T　次は手にボールがくっついている時はお腹を床につけてください。
　　お腹をつけていない場合はスタートに戻ってもらいます。
　　ボールが手から離れたら走って前に進んでください。
　　手にボールがくっついたら再度お腹をつけてください。
　　この繰り返しで，反対の壁に行けたらポイントがたまります。
　　さあ，それではスタートしましょう。

ポイント

　先生の投げ方やボールの離し方により，子どもたちの動きが変わってきます。チャンピオンも1名ではなく，時には数人，時には全員になるよう織り混ぜると盛り上がりますし，モチベーションになります。様々な動きで行うことで運動量も増え，ケガ防止のからだの使い方にも繋がります。目で見た物を判断しからだに速く伝える力を養います。

スペースを見つけて歩きまわろう！

対象学年：低・中学年

ねらい

空間を見つけて様々な方法で歩きまわることで，空間認知を行いながら，リズム感や基本的な動作に必要な体力を身につける。

①ルールを説明します

T　これから，教室を自由に歩きまわります。ただし今から言う2つのルールを必ず守ってください！　1つは，隣・前後にいる人と絶対に同じ方向にならないようにすること。もう1つは，空いているスペースがなくなるようにバラバラに移動することです。やってみましょう。よーい，スタート！（可能であれば音楽をかけたり，歩くペースをリズム太鼓などで指示したりする）

②歩きながら「あいさつ」します

T　目のあった子にウインクしてみよう。された人はウインクを返してね。

③歩きながら「周りを見る」お題を加えます

T　教室に何個の電気がついているかな？　見つけながら歩いてみよう。

C　（見つけながら歩きまわる）

T　次は，この部屋の中には「赤色のもの」が何個あるかな？
　　（お題を足しながら歩き続けさせる）

④動き方を変えます

T　後ろ歩きをしてみましょう！　ルールを守りながらやってみてね！

T　（1〜2分後）次は，フラミンゴみたいにつま先歩きで！

T　その場で体操座り！　手を後ろについて，お尻を上げたら「クモ歩き」で移動してみよう！

ポイント

　始めはグループや，仲のよい友達と同じ方向に歩いてしまうので，「近くの人と同じ方向に動かない」ということを促し，色々な人とすれ違うようにします。また，次の活動に生かせる「移動する動き」を加え様々な動きを体験させることで，よりアクティブにからだを動かしながら遠隔でのコミュニケーションを図ることができます。

からだを使って
じゃんけんをしよう！

対象学年：中・高学年

ねらい

からだを使ってじゃんけんをすることで，大きくからだを動かす楽しさや，言葉や接触を介さずに他者と交流する面白さを味わう。

①からだでじゃんけんを説明します

T　まずは，からだを大きく使ってじゃんけんをしてみます。
グーはからだを小さく丸めて座ります。パーは，両手を万歳にして足を大きく広げます。チョキは左右どちらでもいいので，足を前後に開き，手を前と上に広げます（見本を見せながら説明する）。

②リズムに合わせてやってみます

T　リズムに合わせて移動しながら，じゃんけんする相手を見つけます。
「さーいしょはグー」で2回ジャンプしてしゃがんだら，次の「じゃーんけん」で2回ジャンプしてじゃんけんします。1回のじゃんけんごとに勝ったら「喜びのポーズ」，負けたら「悔しさのポーズ」，あいこは「平和のポーズ」をとって止まってください。
ではやってみます。

③エスパーじゃんけんをします

T　3人グループをつくります（割り切れない場合は4人でも可）。

　　今度は，パーは「全員が立ってる」，グーは「全員がしゃがむ」，チョキは「まちまちになる」がポーズです。

　　じゃんけんが終わった後のポーズはさっきと一緒なので，勝負がついたらすぐにそのポーズをやってみましょう！

「グー」　　　　「パー」　　　　　「チョキ」　　　　「グー」

T　先生が5秒かぞえる間にじゃんけんする相手グループを見つけます。

　　3回勝負です！　では，やってみましょう！

ポイント

　リズムを早くしたり，グループ自体を即席でつくらせたり，勝負のポーズは即興でその気持ちを表現するように促したりすることもできます。アレンジしながら，交流する面白さを体験させてみましょう！

061

向き合いだるまじゃんけんを楽しもう！

対象学年：中・高学年

ねらい

じゃんけんの前にリズムに合わせて「だるま回り」をすることで，マット運動などの「回転」をするために必要な運動感覚を身につける。

①だるま回りを説明します

T　まず，足の裏を合わせて座りましょう。
足首をしっかり固定したら，足が離れないように「コローン」と転がり起き上がってみましょう！　慣れてきたら反対にも回ってみます。真後ろじゃなくて横に倒れること，回り終わるまでできるだけからだを丸めることを意識してください。

②リズムに合わせて回ります

T　「いーち，にーい，さーん」で回ってみるよ！　せーの！

T　今度は，自分のタイミングで３回まわって正面に戻ってみよう！　できたら反対側にも挑戦してね！

③ペアになってじゃんけんをします

T　先生が５秒かぞえる間にペアをつくります。

「じゃーんけーんで，ほい！」に合わせて３回転して，３回転目の終わりで，相手とじゃんけんします。

負けた方は「長座で前屈」，勝ったら「アンテナ」，あいこは「２人でアンテナ」に５秒間挑戦してみてください。

ポーズが終わったら，勝っただるまはその場で待ちます。

負けただるまと，あいこだっただるまは，先生がまた５秒かぞえる間に新しい友達のところへ移動して，ペアを変えます！

では，やってみましょう！

ポイント

　だるま回りをすることで，からだ全体を統合する感覚を身につけます。また，じゃんけんの勝負により，様々なポーズをとらせることで，遊びながらマット運動に必要な基本的な運動感覚も養います。子どもたちの課題にあったポーズをアレンジして加えるのもいいですね！

みんなでつくろう，
紙コップタワー！

対象学年：全学年

ねらい

手先を器用に使いながら紙コップで遊ぶことで，集中力を高めたり，仲間と協力する態度を養い非認知的能力を育てたりする。

①ルールを説明します

T　みなさん紙コップを10個ずつ持って３人組になります。そして中心から１m離れたところに自分の陣地を設けます。その３人で紙コップを順番に上下逆さになるように高く積み上げます。乗せられなかった人，倒してしまった人が負けです。また，自分の陣地に戻るまでに倒れても負けです。それでは順番を決めてください。３回戦行いましょう。

②グループ対抗で行うルールを説明します

T　今度はそのグループは全員味方です。3人で順番に積み上げます。そして何個積み上げたか最高記録をかぞえてください。5分で一番たくさん積み上げたグループが勝ちです。もちろん1mルールも守ります。

C　やったー！　かなりたくさん積めたぞ！

③最後にみんなで制作します

T　みなさんとても集中して高いタワーが出来ましたね。最後はクラスのみんなの持っている紙コップを全て使います。先生が5カ所にカップを置くのでそれを利用しながら積んでください。時間は20分です。1か所につき1人ずつ交代で積みましょう。

T　とても素晴らしいものができました。一人ひとりがんばるだけでは小さいタワーしかできませんが、みんなで協力するとこんなに素晴らしく大きなものができます。1年間みんなで立派なものを作りましょう。

ポイント

徐々に協力する人数を増やしていくことで、協力することの大切さなど非認知的能力の大切さが伝わるように導くとよいでしょう。年度の初めか、またはクラスが上手くいっていないときに行うと効果的です。

チクタクボンボンで
時計になろう！

対象学年：全学年

ねらい

「時計」になりきり，互いの心を通じ合わせて，誰もが楽しみながら
ゲームを行うことで仲間との一体感を味わう。

①ルールを説明します

T　　グループで円になり，時計回りに声を発する順番を決めます。

　　　１人目は「チク」，２人目は「タク」と言います。「チク・タク・チ
ク・タク」と４人が言った後，５人目は「ボン」と言います。これで，
「１時の時報」の完成です。

　　　６人目以降は，同じように「チク・タク・チク・タク」と言い，時報
の際に，「ボン（１人目）」，「ボン（２人目）」というように，２人連
続で言います。これで「２時の時報」の完成です。３時，４時…と時
間が進むたびに時報が増えていきます。役割分担を間違えたり，時報
が多すぎたり少なすぎたり，リズムに乗れなかったりするとアウトに
なります。

②みんなでチクタクボンボンに取り組みます

T　　スタート役の人から時計回りに始めます。それでは，スタート！

C　チク

C　タク

C　チク　…（以降，続く）

③何時まで取り組めたのかを確認します

C　私たちＡグループは，５時まで言えたよ。

C　僕たちＢグループは，６時まで言えました！

T　どちらもがんばりました。今回は，Ｂグループに拍手を送りましょう。

ポイント

　スタート役の人を意図的に変えるなどして，楽しみながらも適度な緊張感をもたせた中で行うことが大切です。人数が多い場合は，グループ対抗で最も長く正確な時報を打てるかどうかで競い合うのもよいでしょう。はじめは，ゆっくりのリズムペースから，徐々に速度を上げるなど，難易度を調節しながら，活動することも効果的です。

第 **2** 章

オンライン, ソーシャル
ディスタンスでできる

授業
アイスブレイク

60秒動画で，
友達に本を紹介しよう！

対象学年：中・高学年

ねらい

本の魅力を焦点化し，具体的場面を精選する作業を行うとともに，動画にすることで，テロップなどで相手を惹きつける表現力を養う。

①ルールを説明します

T　今日は，みんながユーチューバーになって「本紹介」をします。
　　ただし，動画の時間は全員60秒間しかありません。
　　短い時間で説明するには，次のことが必要です。
　　①テンポよくわかりやすい説明
　　②自分なりの表現の工夫
　　③もっと詳しく本を読んでみたいなと思わせること
　　まずは，みんなで有名なユーチューバーを見てみましょう。

C　　60秒って短いと思ったけど，編集することで結構伝えられるんだ。

②具体的な内容をワークシートを使って考えます

C　　もっと知りたいなあ。60秒をどう分割すればいいんだろう？

T　　いいことに気がついたね。時間の設定をまずは，①自己紹介・本のタイトル紹介（10秒）②この本がおすすめの理由（15秒）③特に自分がいいと思った場面の音読（20秒）④この本を読んでくれた人とこんな話をしたい（15秒），として考えてみよう。

③台本（ワークシート）をもとに動画にします

C　　実際に読んでみると，おすすめの理由が長すぎるなあ。

C　　よい場面の音読は，絵や効果音を入れると面白いね。

T　　長すぎる部分は，編集によって時間を短くできるよ。読むテンポやテロップの活用をするとわかりやすいし，面白いね。

ポイント

　最初は多めに材料を用意させながら，大事なことをまとめていく力をつけていきます。また，それぞれの個性を表現によって開花させることにもつながります。個々のよさを価値づけていきましょう。最初は通し読みの形でも，何度も繰り返すことによって，見る人を意識した言葉の工夫を考えるようになるでしょう。

国語

俳句リレーで
語感を鍛えよう！

対象学年：中学年

ねらい

俳句のことばの世界の広がりを学習し，四季の移ろいや日本語の美しさに触れるとともに，グループで語感を鍛え合う。

①ルールを説明します

T　今日は，俳句の勉強をします。ただし，初めてなので４人で１つの作品をつくってもらいます。俳句は，５・７・５の17音でつくられる世界一短い詩です。その，上５・中７・下５をそれぞれ３人が考え，４人目はそのうちの１つを修正していいというルールです。

C　私，有名な人で松尾芭蕉を知ってるよ。「古池や　蛙飛びこむ　水の音」や「閑さや　岩にしみ入る　蝉の声」の人でしょ。

T　そうだね。芭蕉の俳句のように「①必ず季語をいれる　②基本は５・７・５の17音だけど『字余り』『字足らず』もOK　③感動を表す言葉に切れ字『や・よ・かな・けり』を使うとよい」というルールがあるね。

C　「や」や「かな」などを入れると大人みたいでかっこいいと思ったけど，切れ字というんだね。早速使ってみよう。

②グループ４人で考えます

C　まずは３人で分担するときに，季語をどうするかで決まってくるな。

T　よいところに気がついたね。まずは，「季語入りの５音」＋「言いたいことや気持ち12音」か，「言いたいこと12音」＋「季語入り５音」で考えてみるとわかりやすいよ。

③書き方の工夫を考えます

C　最後の修正係は責任重大だ。気持ちをまとめる必要があるね。

C　みんなが順番にやるなら，場面や思いの共有が必要だ。

T　いいことに気づいたね。共有をするために，どんな場面を切り取って表現するのか，「イメージマップ」づくりを４人でするといいよ。

ポイント

　最初は，単なる言葉あそびでもよいでしょう。その次に季語を入れることで，俳句の世界観を広げ，語感を鍛えていきます。少しずつ回数を重ねたところで「視点を広くから焦点化する」「五感を織り交ぜる」「昔の言葉を調べて使ってみる」など例とともに価値づけていきたいです。

【参考文献】『俳句でみがこう言葉の力』学研　2017年

オンラインで 辞書クイズを楽しもう！

対象学年：全学年

ねらい

　一緒の場所にいなくとも，仲間とともに「オンライン辞書クイズ」に取り組むことで，一体感を味わいながら語彙を増やす。

①ルールを説明します

T　今日はオンラインで辞書を使った学習ゲームに取り組みます。
　　先生が辞書のあるページに書かれている言葉の意味を言います。
　　その言葉が何であるかを考えて，ノートに書いてください。
　　例えば「日本の主な都市を結んで，時速200キロメートル以上のスピードで走る高速列車」という問題では答えが「新幹線」になります。
　　考えている時の声が聞こえると他の人に答えが伝わってしまうので，考えている時は黙っているか，音声をミュートにしていてください。

②みんなでオンライン辞書クイズに取り組みます

T　それでは第１問目いきます。準備はいいですか？

C　準備万端です！　よし，がんばるぞ！

T　　それでは，問題。「円をかくときに使う道具」

C　　なんだ？　難しいなあ…

③答え合わせをします

T　　第1問の正解は…　「コンパス」です。正解だった人？

C　　はーい！　やったー，うれしいなあ。

T　　○○さん，すごいですね。正解の人は15人いました。立派ですね。
　　正解した人に拍手でお祝いしてあげましょう。
　　続いて，第2問にいきます…

ポイント

　出す問題の難易度を変えることで様々な学年で取り組めます。難易度
によっては，答えを2つまで書いてよいとするなどのやり方もあります。
また，家にいる人も参加可能という形でオンライン授業参観のようなも
のにしても面白いです。私は通常の対面の授業参観で，参観に来ている
保護者にも一緒に参加してもらって辞書クイズに取り組みました。

熟語しりとりで言葉に親しもう！

対象学年：中・高学年

ねらい

熟語のしりとりを行うことで漢字に親しみながら，語句の成り立ちに関心をもったり，語彙を増やしたりする。

①ルールを説明します

T　熟語を使ったしりとりをします。先生が最初の熟語を伝えるので，それにつながるようにどんどん熟語を書き出していきます。例えば，「海外」の次は「外」で始まる熟語を考えます。制限時間内でより多くの熟語をつなぐことができた人の勝ちです。

②しりとりの要領で熟語を書き出していきます

T　最初の熟語は「有名」です。次は「名」で始まる熟語ですよ。制限時間は３分です。では，よーい，スタート！

C　「名」で始まる熟語かぁ。あっ，「名人」にしよう！　次は…

C　「名前」「前方」「方位」。「位」で始まる熟語って何かあるかな？難しい熟語を選んじゃったなぁ。

③いくつ熟語が書けたかを確認します

T　熟語の数を確認します。10個の人？　11個の人？…
　　一番多かったのは，20個書けた○○さんです。みんなで拍手でお祝い
　　しましょう。

④熟語しりとりのまとめをします

T　「有名」の次の熟語を，○○さんは「名前」，□□さんは「名人」にし
　　たのですね。同じ漢字でも読みが違うのは面白いですね。1つの漢字
　　で複数の読みをもつ漢字はたくさんありますね。

ポイント

　楽しみながら語句への関心を深めたり語彙を広げたりすることが大切
です。熟語の数ではなく，「最も長い熟語を書けた人」「文字数の最も多
かった人」を勝者にするのもよいでしょう。また，最後にラッキー漢字
を発表し，その漢字を使っていた人にボーナスポイントをあげるなど，
オリジナルのルールをつくって楽しむこともできます。

カウント10で
頭を活性化させよう！

対象学年：全学年

ねらい

「第二の脳」と言われる手を，難しいながらも巧みに使うことで，授業に取り組む前に頭を活性化させる。

①やり方を説明し，行います

T　みなさん両手を出してください。今から先生が10かぞえるので，みなさんも両手の指を1本ずつ曲げ伸ばしして数をかぞえてくださいね。「せーの，1・2・3…10」どうですか？　できましたか？

C　簡単にできた！

T　どうやらそのようですね。それでは今度は難しくしますよ。

②次のやり方を説明し，みんなで一斉に行います

T　次はあらかじめ，どちらか片方の親指を曲げておいてください。そして1個ずれたままかぞえます。いきますよ。「せーの，1・2・3…10」できましたか？

C　　あれ？　できない…

T　　そうですね。難しいですね。では，３分の練習時間をとります。

③再度一斉に行います

T　　それではもう一度みんなで行いましょう。「せーの，１・２・３…10」，
　　　できましたか？

C　　できない…

C　　できた！

T　　できた人も，できなかった人も，頭をかなり使ったようですね。頭も
　　　冴えてきたところで，授業に入りましょう。

ポイント

　左右の手で異なる動作をすることで脳を活性化させることができます。
少し集中が切れてきたら授業の途中で行ってもよいです。また，２本ず
らし，３本ずらしと，徐々にずらす数を変えて行うことも効果的です。

足した数字を並べよう！

ねらい

数を計算で並べ，出た数字の関係性に親しむとともに，自然界とつなげて考えることで，数字の不思議さを知り興味をもつ態度を養う。

①ルールを説明します

T　今から計算をするのでノートを出してください。最初に「1」を書きます。次は1個前と2個前の数字を足したものを書きます。この場合は1の前に0があるものと考え0＋1で「1」を書きます。その次の数字はわかりますか？

C　わかった。「2」だ！

T　その通りです！　よくできました。

1	1	2	3	5
	＝0＋1	＝1＋1	＝1＋2	＝2＋3

②時間内に何個計算できるか競争します

T　それでは１分間に何個計算できるか競争しましょう。よーいドン！

③答え合わせをします

T　それでは答え合わせをしましょう。何個答えられましたか？

C　△個できたよ！

T　○○さんが一番ですね。みんなもがんばりました。実はこの数字は自然の中に隠れています。（写真を見せて）松ぼっくり，木の枝，ひまわりの種はこの数字で並んでいます。きれいな模様がありますね！

C　本当だ！　知らなかった！

T　数字って面白いですね。ただ計算するのではなく，意味を考えながら取り組むと楽しいです。また探してみましょう。

 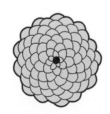 

ポイント

　フィボナッチ数列に出てくる数字を自然界のものとつなげることで，数字の魅力を伝えるようにします。また写真で見せたあとに，実際に校庭等を見に行かせて個人で探すようにするとさらに興味をもちます。

1kg ぴったりをめざせ！

対象学年：中学年

ねらい

　楽しみながら重さを量る活動に取り組み，重さに関しての感覚を豊かにする。

①ルールを説明します

T　ここに重さが1kgの粘土があります。

　　これからみんなに一度実際に手で持ってもらいます。

　　重さの感じを覚えておいてください。

　　その後，1kgぴったりになるものを探していきます。

　　1つで1kgのものでも組み合わせて1kgになるものでも構いません。

　　ただ1kgぴったりのものはあまりないので組み合わせるのがよいでしょう。自分の持ち物を中心に，教室にあるクラスのものでも構いません。

　　活動はグループではなく，1人での活動にします。

　　ところで，1kgは何gなのか，わかりますか？

C　昨日習ったからわかります。1000gです。

C　組み合わせると例えば200gと800gで1000gだから1kgです。

②それぞれで１kgのものを探します

T　　それでは自分の感覚を信じて，１kgを見つけてください。

C　　よし，１kgぴったりをねらうぞ！

③それぞれが予想したものを測定します

T　　それでは，みんなが集めたものを順番に量っていきます。

C　　僕は，筆箱が600gくらいで，ノートが400gくらいだと思うな。

T　　○○さんは，ほぼ1000gだから１kgでしたね。すごいですね。
　　　見た目よりも重いものや軽いものなど色々ありましたね。
　　　今日は学校の中だったので，今度は家の中でも探してみてください。

ポイント

　３年生で習う重さに関する活動です。子どもは生活の中であまり重さを意識して行動することはありません。この活動では，遊びながら重さに関する感覚を養うことをねらっています。色々と試しながら取り組むことで，gやkgというものに親しむことができます。

タイムアタックゲームをしよう！

対象学年：全学年

ねらい

　時間あそびの中で，楽しみながら時間の感覚を育みつつ，1分=60秒などの基本的な知識を確認する。

①活動の説明をします

T　これから「タイムアタック」ゲームをします。
　　ゲームはとても簡単です。
　　みなさんに1分を当ててもらいます。
　　目をつぶったままで1分経ったと思ったら静かに手をあげます。
　　手をあげてもまだ目はつぶっていてください。

②練習をします

T　ところで，1分は何秒だったか，覚えていますか？

C　そんなの簡単です。昨日習いました。1分は60秒です。

T　その通りですね。では少し練習してみましょう。
　　目をつぶって，心の中で「いーち，にーい…」とかぞえてください。

③タイムアタックゲームに取り組みます

T　　それでは本番をいきます！　準備はいいですか？
　　　よーい，はじめ！

④まとめをします

T　　みなさん，顔をあげてください。ぴったり賞の人がいました。
　　　ぴったり賞は「○○さん」です！

C　　心の中でしっかり「いーち，にーい…」をずっとかぞえていました。

T　　○○さんはすごかったですね。
　　　これからも色々な時間に注目してくださいね。

ポイント

　　1分が60秒であることの確認をしながら取り組めるゲームです。ゲーム中はずっと静か（黙っている）なので，飛沫感染のリスクなども少ないです。また，クラスが少しふわふわとして，落ち着かない時に，落ち着かせる意味で取り組むことも効果的ですね。

今の季節の生き物を探そう！

対象学年：全学年

ねらい

　季節の生き物に触れることをゲーム感覚で楽しみながら，自然に対する豊かな心情を育む。

①活動の説明をします

T　　これから，校庭にいる生き物を探しに行きます。
　　　活動はグループではなく，１人での活動にします。
　　　チェックシートにあるものを探していきます。
　　　見つけやすいもの（レベル１）から見つけにくいもの（レベル３）
　　　まであります。
　　　見つけやすいものから探しても，レアなものから探してもよいです。
　　　チェックシートにあるもの以外にも珍しいものは記録しましょう。
　　　ハチなど危険なものには気をつけてください。

②それぞれで外に行き，観察をします

T　　それでは気をつけて，たくさん見つけてきてください。

C　　よし，たくさん見つけるぞ！

③お互いの観察できたものを発表します

T　どんなものを見つけましたか？

C　レベル３のレアなものを見つけた！

C　全部見つけました！　最後の１つは，倒れた木の下にたくさんいて，びっくりして大きな声を出してしまいました。

T　色々なものを見つけましたね。
　今日は学校の中だったので，今度は家の近くなどでも探してみてください。ただ，安全には気をつけてくださいね。

ポイント

　生き物の観察をグループでなく個人で行ったり，屋外で活動したりすることで，飛沫感染のリスクを減らすことができます。チェックシートを用意し，すぐ見つかるもの（レベル１）から見つけにくいもの（レベル３）まで設定することで，ゲーム感覚で探すことができます。

地域の生き物を紹介しよう！

対象学年：中・高学年

ねらい

遠く離れたところに住んでいる人と地域の生き物を紹介し合う中で，自然への豊かな感情や地域への愛着を育む。

①活動の説明をします

T　今日はこれから遠くの南の島の学校とオンラインで合同授業をします。
　　お互いの地域の生き物を紹介し合う活動です。
　　地域によって，そこにある植物やいる昆虫に違いがあります。
　　そういったことに気づけるとよいですね。

②それぞれの地域の生き物の説明をします

C　私たちの島は，沖縄県にあります。
　　島には，天然記念物の○○という鳥がいます。
　　植物では，暖かい地域に多い，ヤシの木がたくさんあります。

C　見たことのないものばかりだ。
　　同じ日本だとは思えないなあ。

③まとめをします

T 違う地域の南の島の生き物を見てどうでしたか？

C 同じ日本とは思えないような鳥や木だった。
実際にあの島に行って，見てみたいと思いました。

C こちらのものを発表している時，向こうの子たちも驚いた様子だった。
地域によって生き物は色々と違うのだと思いました。

T 色々な発見がありましたね。
生き物は気温や天候など様々なことが影響して，その姿になっています。色々なことに興味をもって，調べてみてください。

ポイント

　Zoom などを用い，遠隔地にいる人どうしで，それぞれの地域に育っている生き物を紹介し合う活動です。遠く離れた地域の方がより植生が違っていて興味深い活動になります。少し英語で話せるようになったら，外国とつなげるということもよいかもしれません。

握力トレーニンググッズをつくろう！

対象学年：全学年

ねらい

ペットボトルの大きさや，ストローの長さなどの条件を変えるとどのようにストローの動きが変わるかを予測することで，考える力を育む。

①活動の説明をします

T　これから，握力トレーニンググッズをつくりましょう。

必要な材料は，炭酸飲料用のペットボトル・蛇腹つきのストロー・ゼムクリップです。

ストローの蛇腹の部分を曲げ，蛇腹を中心とみた時，左右が同じ長さになるように切りましょう。

切った部分どうしを固定するようにゼムクリップをストローの切り口にかませましょう。

ペットボトルの容器を水でいっぱいにしましょう。

ストローを容器に入れ，キャップで口をふさぎましょう。

②つくったもので遊んでいきます

T　それではペットボトルの真ん中を力いっぱい押してみましょう。

C　　ストローが沈んだよ！

C　　手を放すとストローが浮いたよ！

③様々な条件でつくり，違いを楽しみます

T　　変えられる部分を変えてみるとどうなるか，やってみましょう！

C　　ペットボトルを大きいものにしてみよう！

C　　ゼムクリップを増やしてみよう！

ポイント

　ペットボトルの大きさ，ストローの長さ，ゼムクリップの数の違いによって，圧力のかけ方に対するストローの動きが大きく変わっていきます。まずは負荷が少なくてもストローが動く条件でつくらせ，動く面白さを体感させ，その後，条件を変え，動きの違いを考えさせます。

紙笛をつくろう！

対象学年：全学年

ねらい

紙1枚で笛をつくることができることに驚きを感じさせ，科学に対する興味や関心を育む。

①活動の説明をします

T　これから，紙笛をつくりましょう。
　　必要な材料は，紙1枚だけです。

C　紙1枚で笛がつくれるの？　ふしぎ！

T　紙をWの形になるように折っていきます。
　　Wの真ん中の折り目部分を半円になるよう手で破いて完成です。

C　簡単だね。これだけで笛になるのかな？

②音が出るように吹き方を練習します

T　うらピースをして，人差し指と中指の間に紙をはさみましょう。
　　手で破いた部分に息を送り込むように吹いていきましょう。

C　音が鳴らないよ。難しいな。

C　だんだん音が出るようになってきたよ。

③条件を変えて，音の違いを楽しみます

T　紙の大きさやちぎり方，吹き方を変えてみるとどうなるかな？　やってみましょう。

C　ゼムクリップを増やしてみよう！

ポイント

　紙1枚でつくることができるので，何度もつくり直すことができます。音が出るまでに慣れが必要ですが，何度も取り組むうちに感覚がつかめてきます。紙1枚で音が出せる不思議さから理科の面白さを感じるきっかけとすることができます。紙質を変えたり，破く形を変えたりと工夫の仕方も多彩で，発想力も養われます。

地名をさがして
位置を伝達しよう！

対象学年：中・高学年

ねらい

Google Classroom を用いて，ソーシャルディスタンスを保ちつつ，地名さがし・位置伝達ゲームを行い，地図の読み取りに慣れる。

①ルールを説明します

T　今日は，地図帳と iPad を使って，地名さがしゲームをします。
　まず，「お題（地名）」を出す人が，当ててもらいたい地名を Google Classroom にコメントします。
　（【出題例】　お題は，地図帳○○ページの「□□□（地名）」！）
　その他のみなさんは，その地名を地図帳から探します。
　地名を探し当てた人は，Google Classroom 上に答えを書き込みましょう。緯線と経線を利用して，緯度と経度を仲間に共有します。
　（【回答例】　ありました！　東経△△度△分，北緯××度×分です）
　誰かが答えてくれたら，緯度と経度をヒントにみんなでその地名を探します。見つかったら，Google Classroom に感想などのコメントを書き込んでください。

②地図帳を使って「地名さがし」を行います

T　さあそれでは，地図帳を使って「地名さがし」をします。出題する人は当ててもらいたい地名を出題してください。その他のみなさんはその地名を探して回答します。答えが正解だったら，みんなで探します。見つかった人から，感想などのコメントを書き込んでください。

C　地図帳○○ページの「四万十」を出題します！

C　見つかった！　「四万十」は，緯度は北緯33度０分，経度は133度０分です。

C　正解！　「四万十」は，高知県にあります！　海にも近そうです！

T　では，これを手掛かりにみんなも「四万十」を探してみましょう。

ポイント

　このゲームを通して，児童たちが地図の見方にも慣れてもらいたいと思います。今回は，お題となる地名が所在している場所上に引かれた緯線と経線を手掛かりにしながら，緯度・経度を用いて仲間にその位置を伝えるスキルを学んでもらいました。このアイスブレイクは，オンラインでも，通常授業でも使える楽しいゲームです。

歴史上の人物で
連想ゲームをしよう！

対象学年：高学年

ねらい

Google Classroom を用いてソーシャルディスタンスを保ちつつ，
歴史上の人物で連想ゲームを行い，歴史の知識や読解力，連想力を養う。

①ルールを説明します

T　Google Classroom を用いて歴史上の人物を当てる連想ゲームを行います。使う教材・教具は，教科書と iPad です。
出題者は，先生が指名した5人です。5人には個別に，お題となる歴史上の人物を事前に伝えています。
（※ Google Classroom は個人ごとの配信指定ができます）
『お題』を配信された5人は，連想ゲームのヒント（単語程度）をできるだけたくさん考えて，そのヒントを交互に書き込んでください。
他のみんなは，そのヒントをもとに教科書を手掛かりにして答えを探し当てましょう。回答する時は，Google Classroom にコメントしてください。

②歴史上の人物で連想ゲームを行います

T　さあそれでは，歴史上の人物で連想ゲームをします！

　5人が教科書を参考に，①年代，②時代区分，③その人物を取り巻く
環境，④実行した事柄などのヒントをみんなに教えてくれます。
誰のことを言っているのかが「ピン！」ときたら，その答えを
Google Classroom のコメント欄に書き込んでください。

C　最初のヒントは，「飛鳥時代」だよ。

C　次のヒントは，「遣隋使」。

C　あっ！　小野妹子だ！

C　不正解！　慌てないで，落ち着いて（笑）。3つ目のヒントは「お札」。

C　聖徳太子だ！

ポイント

　出題者側には「ヒントとなる材料」を探す力を訓練します。また，当
たりそうで当たらない難易度の高いヒントから出していくような演出
力・創意工夫力も促します。一方，回答者側には，その事柄を教科書か
ら読み取る読解力や，答えをイメージする連想力を養います。オンライ
ンでやる連想ゲーム，日常の授業では味わえない楽しみがありますね。

ニュースを探して
世の中のことを知ろう！

対象学年：中・高学年

ねらい

ニュースなどに触れることで，世の中で起きていることを知り，社会（世の中）に関心をもつ。

①やり方の説明をします

T　今日の社会科では，まず「ニュース探し」をします。
　　それぞれがタブレットを使って，ニュースを探します。
　　他の人に教えたいと思うようなものを探してください。
　　面白いだけでなく，読んだ人が賢くなるようなものを選んでください。
　　見つけたものは，先生が用意したサイトに書き込みます。
　　書くものは「記事の題名」「ニュースソース」「簡単な感想」です。
　　出来上がったらお互いのものを読み合います。

②「ニュース探し」に取り組みます

T　それでは，各自で「ニュース探し」に取り組んでください。

C　よし，がんばるぞ！　みんなの勉強になるものを探すぞ！

③記事の読み合いをします

T　出来上がった人は，他の人が選んだものを読んでいてください。

C　色々なニュースがあるなあ。知らないことがたくさんあるなあ。

④振り返りをします

T　世の中では色々な出来事がありましたね。
　社会科を中心とした勉強は教科書だけのものではありません。
　世の中のことと強くつながっています。
　これからそういったことも意識して暮らしていってください。

C　テレビのニュースなども見るようにしてみよう。

ポイント

　今回のものではテーマを設定していませんが，テーマを学習内容に合わせて設定することも可能です（農業の学習中に農業をテーマにして行う等）。オンラインで行うことも可能です。また，記事を書くことを宿題として取り組み，教室では読み合いだけ行うやり方や，逆に書くことを教室で取り組み，読み合いは宿題にするなどのやり方も可能です。

オンraインで, 都道府県山手線ゲームをしよう！

ねらい

リズムに合わせて呼称することで，楽しみながら都道府県の位置や名称を覚える。

①ルールを説明します

....

T　今日の社会科は，オンラインで山手線ゲームをします。
　　お題は，「東日本にある都道府県」です。
　　都道府県を手拍子のリズムに合わせて順番に発表するゲームです。
　　他の人が発表した都道府県を言うことはできません。
　　わからなければ，パスをしてかまいません。

C　よし，がんばるぞ！　他の人に先に言われないといいなぁ。

②オンライン山手線ゲームをします

....

T　今回は，都道府県東日本編。これから始まるリズムに合わせて♪

C　タン・タン（手拍子2回）北海道！

C　　タン・タン（手拍子2回）　山形県！

C　　タン・タン（手拍子2回）　東京都！

C　　タン・タン（手拍子2回）　福岡県！

T　　残念…，福岡県は，九州地方だったね。次の人から，再開するよ。

③振り返りをします

T　　東日本を全部，覚えられたかな。次回は，西日本編に挑戦するよ。

C　　難しそうだな。もう一度，地図帳を見て覚えよう。

ポイント

　テーマは，学習内容に合わせて設定可能です。オンラインの特質上，タイムラグが生じることがあるため，手拍子の動作はゆっくりと行うことを子どもたちに伝えましょう。既習の内容を覚えることが目的の1つですが，答えられなかった子どもの負担にならないよう「パスは2回までよい」などルールを柔軟化するなどの配慮も心がけてください。

Concentration！

対象学年：中・高学年

ねらい

手と膝でリズムをつくり，リズムに合わせながらクラスメイトの名前を覚えていくことで，子ども間のコミュニケーションの活性化を図る。

①ルールを説明します

T　First, tap the lap.　まず，手で膝を叩きます。

Second, clap your hands one time.　次に両手を叩きます。

Third, snap with the right hand and say your first name.

右手で指をパチンと鳴らし，自分の下の名前を言います。

Fourth, snap with the left hand and say any classmate's name.

左手で指をパチンと鳴らし，自分以外の人の下の名前を言います。

Let's try altogether. Are you ready?　3.2.1. Go!

4つの動きをつなげてみましょう。

"Con!"，"cent!"，"ra!"，"tion!"．

"Every!", "body!", "rea!", "dy!".

"Tap!", "clap!", "(teacher's name)", "(student's name)".

*"Tap!", "clap!", "(student's name)", "(student's name)".

（＊の部分を繰り返して行います）

Hold on! Rhythm was off. Let's start from "Concentration!" "Everybody! Ready!"

リズムが崩れてしまったので，最初からやり直しましょう。

Repeat until someone can't say classmate name or break the rhythm.

名前が言えなくなるかリズムが崩れるまで続けましょう。

②ゲームを始めます

T   Let's try this game in a rhythm. Are you ready?

ゲーム本番です。準備はいいですか？

③ゲームの振り返りをします

T   How was it? Did you say your classmate's name while keeping the rhythm?

お友達の下の名前をリズムに合わせて言えたかな？

C   It was easy!　簡単だったよ！

ポイント

　からだでリズムをとり，友達を下の名前で呼び合うので，子どもどうしが名前を覚えていない時期にもおすすめです。英語を使う授業では普段から下の名前で呼び合うことで，恥ずかしがらずにクラスメイトの下の名前を言うことができます。スピードを変えて行っても面白いです。

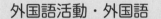

Ball Freeze Tag !

対象学年：中・高学年

ねらい

あそびを楽しむことを通して，英語の簡単な挨拶（コミュニケーション）を子どもどうしで自然に行うことができる関係をつくる。

①ルールの説明をします

T　Today's target language is "How are you?" "I'm fine."

今日のフレーズは「元気ですか？」「元気です」です。

You may change the answer if you want. For example,

「元気ですか？」に対する返事は自由に変えてよいです。例えば，

"I'm pretty good." いい感じだよ。 "I'm not bad." 悪くないよ。

Once a ball hits you, then you must freeze in your place.

ボールを当てられたらその場で固まらなければなりません。

Unfreeze student by using the lesson's target language.

逃げている人は，固まっている人に How are you? と話しかけ，多くの人を助けてください。

If the 'frozen' student answers the question properly "I'm fine".

They are unfrozen and free.

I'm fine. と答えることで，氷が溶け自由になります。

T   Today is July 27. The person who is number order 27, will be the ˝It˝.
       今日は7月27日なので，出席番号27番の人が鬼です。

②ゲームの振り返りをします

T   Raise your hands, ˝Who was not hit by the ball?˝
       1回も当てられなかった人は手を挙げてください。
       How many times did you help your classmates?
       お友達を何回助けましたか？

C   I helped my friends 5 times!
       5回も助けたよ！

T   You are today's Hero/Heroine! Let's give him/her a big hand!
       今日のヒーロー／ヒロインはあなたです！　拍手！

ポイント

　ボールを当てられた子はその場で固まり，凍っていない子どもからの Target Language である How are you? の質問に，I'm fine. と答えることで氷が溶けて動ける，というルールです。逃げ切った子だけでなく，たくさん助けた子どもも Today's Hero として認め合います。

からだでアルファベットを表現しよう！

対象学年：中・高学年

ねらい

みんなで楽しくからだを動かしながら，アルファベットの字形を体感的に覚える。

①ルールを説明します

T　今日の外国語は，まず体育館で「アルファベット体操」をします。
すでに習ったアルファベットをからだで表します。
例えば「Ａ」だったら，両腕を上に伸ばし，少し足を広げます。
この時，筋肉を伸ばすことを意識してください。
それでは始めます。立ってください。

C　よしがんばるぞ，はじめのアルファベットは何かな？

②みんなで「アルファベット体操」をします

T　はじめは「Ｔ」です！
「Ｔ」ができたら，その場でぐるぐると回り，他の人と手がぶつからない間隔に広がってください。

C 「T」の字になると自然とソーシャルディスタンスができるなあ。

T みんな上手に広がれました。それでは，次は…，「K」。

C 「K」って，どうだ？　あっ，そうだ。わかった。

T みんな上手ですね。伸ばすところはピンと伸ばすようにします。
それでは，次のアルファベットは…

ポイント

　レクリエーション（体育なども含む）実施時に子どもどうしの安全な
距離を保つことは飛沫による感染リスクを考えた時，とても大切です。
ただ教師が意識し過ぎて，頻繁に子どもを注意し続けるような状況はで
きれば避けたいです。「アルファベット体操」では，始めに「T」の字
をつくることで，自然と適切な距離を保つことができるようになります。

Zoom を使って
英語で道案内をしよう！

対象学年：中・高学年

ねらい

からだを動かして楽しみながら，left と right を聞き取ったり，意味の違いを理解したりする。

①ルールを説明します

T　今から先生が，「Turn left.（左を向く）」「Turn right.（右を向く）」「Go straight.（本来は前進するが，このゲームではその場で足踏みをする）」の指示を出すので，みなさんは，目を閉じた状態で，その指示通りにからだを動かしましょう。最後に目を開けた時，正しい方向を向いているかな？

②ゲームを始める準備をします

T　Please stand up. Close your eyes.

C　（その場で立って，目を閉じる）

③道案内を聞いて，指示通りに動きます

T　　タン・タン（手拍子）「Turn left.」タン・タン「Turn right.」
　　　タン・タン「Turn right.」タン・タン「Go straight.」
　　　タン・タン「Turn left.」（テンポよく指示を出す）

C　　rightってどっちだっけ？　こっちかな？

④目を開けて確認します

T　　Open your eyes.

C　　（目を開ける）あれぇ？　みんなと違う方を向いちゃってる！

T　　今前を向いている人が正しく動けた人ですよ。どうだったかな？
　　　正しく動けた人に拍手をしましょう。Good job!

ポイント

　　先生の指示通りに正しく動けた子どもは同じ方向を向けますが，どこかで left と right を間違えていると，違う方向を向いてしまうことになります。全員正解するのが望ましいですが，目を開けた瞬間にみんなが色々な方向を向いているのも子どもにとっては楽しいものです。慣れてきたら，テンポを速くしたり指示役を子どもにしたりしてもよいです。

手作り楽器で
素敵な音づくりを楽しもう！

対象学年：低・中学年

ねらい

身の回りの物を利用した手作り楽器を使った「音あそび」を通して，発声や楽器接触を減らしながらも音の表現を楽しむ。

①ルールを説明します

T 今日はペットボトルを使って，楽器づくりをします。まずは，探してきた音の鳴りそうなものをペットボトルに入れましょう。蓋はしっかり閉めましょう。できあがった自分専用の楽器で，先生がカードで示す「場面」や「言葉」に合わせた「音」を表現してみます。
ペットボトルを静かに振ったり，ゆっくり斜めに動かしたり，激しくシャカシャカ振ったり，叩いて音を出したり，自由に表現しましょう。発表する人がイメージにぴったりの音が出せたら，みんなでペットボトルを振ってお祝いしますよ。

②テーマが書かれたカードを黒板に数枚貼ります

T　では，まずは「風の音」，「嵐の音」，「小雨の音」をお題にします。み
　　なさんそれぞれイメージする音を出して練習してみてください。

C　よーし，まずは「風の音」！　ペットボトルを斜めにしてみようかな。

③イメージできた音をその場で立って発表します

T　では，「風の音」を発表してくれる人はいますか？　はい，○○さん。

C　はい。「さらさら〜」（ペットボトルを少し振りながら斜めに動かす）

T　みなさんどうですか？　「風の音」に聞こえましたか？　聞こえた人
　　は自分のペットボトルを振ってお祝いしましょう！

ポイント

　前時までにペットボトルを用意させ，その中に入れると音の出そうな
ものを探してビニル袋などに入れて持ってこさせます。ビーズ，小石，
砂，ストローを切ったもの，鈴，マカロニ，豆など色々なものが考えら
れます。大きな声での合唱や楽器への接触なしに「音づくり」が楽しめ
ます。お題は，天候，気持ち，生き物など様々なものが考えられます。

学校の居心地のよい場所探しをしよう！

対象学年：高学年

ねらい

ICT を使って密にならずに居心地のよい場所探しに取り組み，居心地のよさの理由を考えることで季節や天候，環境の変化を楽しむ。

①ルールを説明します

T　今日は，班ごとに分かれて1人ずつタブレットを持ち，「校舎内の探検」をします。探検をして見つけるのは，「居心地のよい場所」です。「居心地のよい」っていう意味がわかりますか？　「その場所にいて，気持ちがよかったり，楽しかったり，安心できたりする」ということです。自分がそのように思う場所を見つけたら，タブレットで写真を撮ってきてください。写真は3枚くらいでよいですよ。15分で教室に戻ってきましょう。

その写真をもとに，みんなで「居心地のよさ」の理由を考えます。

②学校の中を探検し，写真を撮って教室に戻ります

T　では，自分で「一番居心地がよい！」と思う場所を決めてください。

C　どれがいいかなあ…　うん，僕はやっぱりこの木の下かな。

③なぜ「居心地がよい」と感じるのかを発表します

T　では，決めた写真を先生に送信してください（画面に写真を写す）。この写真を撮ってきてくれた○○さん，なぜここが「居心地がよい」と感じるのか発表してください。

C　陽の当たる図書室の窓のそばは，暖かくて気持ちがいいからです。

T　確かに気持ちのよい場所ですね。そう思う人は拍手しましょう。

ポイント

　校内探検を行う場合は，他の教員にも知らせておく必要があります。「校庭の中で」「校舎の中で」などと限定して行うのもよいです。季節の変化による居心地の違いや整理・整頓，清掃の重要さに気づかせることが大切です。オンラインの場合は，「家の周りで」，「家の中で」などと設定することも可能です。

色々な線と色で
楽しい迷路をつくろう！

対象学年：全学年

ねらい

　色々な線と色を使い，迷路をつくる中で，アートの多様性と可能性を探り，自由に創作することを楽しむ。

①活動を説明します

T　今日はグルグル迷路をつくります。
　　用紙は10cm四方の正方形の紙です。
　　道具はクーピーを使います。
　　線も色も様々なものがあります。
　　その２つを用いて，面白い迷路をつくります。
　　つくった迷路は，できあがったら，交換して楽しみます。

②迷路をつくります

T　今まで使ったことのない線や色も入れながら迷路をつくりましょう。

C　面白いのをつくろう！

③迷路あそびを楽しみます

T　それでは，できあがった迷路を友達と交換して楽しみましょう。えん筆でクーピーに触れないように注意して中心のゴールまで進みます。楽しんだ後は，みんなのグルグル迷路をつなげてアートにします。

C　楽しみだなあ！

C　難しいなあ。

T　アートは「謎解き」です。アートに限らずですが，疑問に思うことを大事にし，それを解くこと，解くプロセスを楽しむことが大事です。

ポイント

　線は，事前に見本で様々な線（直線，曲線，ジグザグ，点線，太い線，細い線など）のチャートをつくっておき，それを提示することで子どもの活動の幅を広げます。色についても，様々な感覚を引き出すために暖かい色，寒い色，穏やかな色などと説明するとよいです。迷路で遊ぶ人がえん筆の線をかき込みできあがりとします。全ての迷路をつなげると縄文時代の文様を思わせるダイナミックな共同作品になります。高学年であれば，アレンジの効いた高度な迷路で楽しむのもよいでしょう。

元気に走り回って、しっぽを取ろう！

対象学年：低・中学年

ねらい

　身体接触を減らした「しっぽ取り」を通して、たくさんからだを動かすことで基礎的な運動能力を育む。

①ルールを説明します

T　今日は2チームに分かれて「しっぽ取り」をします。

　　自分のチームの色のしっぽを1人5本配ります。

　　1本だけ自分のお尻につけて、他のチームのしっぽをねらいます。

　　からだには触れずにしっぽを取るようにします。

　　自分のしっぽが取られたら、持っている自分のしっぽをつけます。

　　取った相手のチームのしっぽは自分で持っておきましょう。

　　最後に、取ったしっぽは1本で1点、残っている自分のしっぽも1本で1点としてかぞえます。

②みんなでしっぽ取りをします

T　周りをよく見て！　しっぽを取ることもしっぽを守ることも大事だよ。

C　危ない。周りを見ないとダメだ。あ，あの子…，狙っちゃおう。

③取ったしっぽの数を確認します

T　何本取って，何本残っているか，かぞえてください。

C　僕は，４本取って，３本残っているから，７点だ。

T　合計すると，勝ったのは○○チームです。拍手でお祝いしましょう。

ポイント

　しっぽはスズランテープなどでたくさん用意するようにします。取ったしっぽのやり取りをなくすことで，子どもどうしの接触の機会を減らすことにつながります。また，取ったしっぽの本数だけでなく，残ったしっぽの本数にも点数を与えることで，遊びが複雑になり，活躍できる子どもが多くなります。

【執筆者一覧】

鈴木　邦明（帝京平成大学）

赤堀　達也（旭川大学短期大学部）

山﨑　功一（CROSS SPORTS 高知）

木野正一郎（東海大学付属相模高等学校）

池谷　仁志（さわだスポーツクラブ）

石川　基子（東京経営短期大学）

小安　雄久（帝京平成大学）

藤木祐一郎（NPO法人ふみの里スポーツクラブ）

中村　聡志（さわだスポーツクラブ）

豊永　洵子（名古屋女子大学）

齊藤　　勝（帝京平成大学）

坂上　　洋（静岡県熱海市立第一小学校）

由利茉以子（ぐんま国際アカデミー初等部）

植田真理子（帝京平成大学）

鈴木　順子（ARTRA-STUDIO／元ぐんま国際アカデミー）

【編著者紹介】

鈴木 邦明（すずき くにあき）

1971年，神奈川県平塚市生まれ。
東京学芸大学教育学部卒業。放送大学大学院文化科学研究科修了。神奈川県横浜市と埼玉県深谷市の公立小学校にて計22年間勤務。
2017年，小田原短期大学保育学科特任講師。2018年から帝京平成大学現代ライフ学部児童学科講師として，教員養成に携わる。
2019年からは All About 子育て・教育ガイドとして，保護者向けにも積極的に情報を発信している。

赤堀 達也（あかほり たつや）

1975年，静岡県静岡市（旧 清水市）生まれ。
静岡大学教育学部卒業。静岡大学大学院教育学研究科修了。
スポーツトレーナーとしての期間を含め，静岡県・神奈川県・群馬県の大学・短大・専門学校・高校で計17年間勤務。
2019年から旭川大学短期大学部幼児教育学科准教授として，保育者養成に携る。幼児〜大学生のバスケットボール及び運動指導の経験をもとに，子どもの体力やパフォーマンス向上のための全年代一貫した運動理論の研究・発信をしている。

オンライン，ソーシャルディスタンスでできる
学級あそび&授業アイスブレイク

2021年1月初版第1刷刊	©編著者	鈴 木 邦 明
2021年11月初版第2刷刊		赤 堀 達 也
	発行者	藤 原 光 政
	発行所	明治図書出版株式会社

http://www.meijitosho.co.jp
（企画）矢口郁雄・新井皓士（校正）大内奈々子
〒114-0023 東京都北区滝野川7-46-1
振替00160-5-151318 電話03（5907）6701
ご注文窓口 電話03（5907）6668

＊検印省略 組版所 広 研 印 刷 株 式 会 社

Printed in Japan ISBN978-4-18-317828-2
もれなくクーポンがもらえる！読者アンケートはこちらから →